Autor: A. Scholtens

Einbandgestaltung: A. Scholtens

© A. Scholtens

Februar 2023

Vorwort

Quantum Computing ist ein spannendes und sich schnell entwickelndes Gebiet, das verspricht, die Datenverarbeitung, wie wir sie kennen, zu revolutionieren. Es hat das Potenzial, Probleme zu lösen, die derzeit für klassische Computer einziehbar sind, und Durchbrüche in Bereichen wie Materialwissenschaften, Arzneimittelforschung und Kryptographie zu ermöglichen.

Dieses Buch soll eine umfassende Einführung in das Quantencomputing bieten, von seinen theoretischen Grundlagen bis hin zu seinen praktischen Anwendungen und möglichen gesellschaftlichen Auswirkungen. Wir haben versucht, komplexe Konzepte klar und verständlich zu erklären, ohne auf Genauigkeit oder Tiefe zu verzichten.

Das Buch ist in mehrere Kapitel unterteilt, die jeweils einen anderen Aspekt des Quantencomputings behandeln. Wir beginnen mit einer Einführung in die Grundprinzipien der Quantenmechanik und erklären, wie sie sich auf Quantencomputing beziehen. Anschließend gehen wir zu den verschiedenen Arten von Qubits über, die im Quantencomputing verwendet werden, wie z. B. supraleitende Qubits, Trapped-Ion-Qubits und topologische Qubits, und diskutieren die Herausforderungen und Einschränkungen jeder Technologie.

Als nächstes befassen wir uns mit den praktischen Anwendungen des Quantencomputings, einschließlich seines Potenzials, Bereiche wie Materialwissenschaft, Logistik und Optimierung zu revolutionieren. Wir diskutieren auch die gesellschaftlichen Auswirkungen des Quantencomputings, wie etwa seine möglichen Auswirkungen auf Arbeitsmärkte und Industrien, und die ethischen Überlegungen zu Quantenkryptographie und -sicherheit.

Schließlich untersuchen wir den aktuellen Stand des Quantencomputings und seine zukünftigen Richtungen, einschließlich der Herausforderungen und Einschränkungen aktueller Quantencomputer und des Potenzials für den Bau leistungsfähigerer und skalierbarer Quantenmaschinen.

Wir hoffen, dass dieses Buch Studenten, Forschern und allen, die sich für das spannende und sich schnell entwickelnde Gebiet der Quantencomputer interessieren, eine umfassende und ansprechende Einführung in die Quantencomputer bietet.

Trotz größtmöglicher Bemühung kann nicht ausgeschlossen werden, dass aufgrund der sich schnell verändernden Welt der Quantenmechanik Fehler in das Buch geraten sind oder Informationen in diesem Buch veraltet sind.

A. Scholtens

Inhaltsverzeichnis

Kapitel 1: Einführung

Die Kraft der Quantencomputer entfesseln

Willkommen in der Welt der Quantencomputer! In diesem Kapitel werden wir untersuchen, was Quantencomputer sind und wie sie sich von den klassischen Computern unterscheiden, die wir jeden Tag verwenden. Wir werden auch diskutieren, warum Quantencomputer als bahnbrechend im Bereich der Computertechnologie angesehen werden und welchen potenziellen Einfluss sie auf die Gesellschaft haben könnten.

Zunächst beginnen wir mit einer grundlegenden Erklärung dessen, was ein Computer ist. Ein Computer ist eine Maschine, die Informationen verarbeiten und speichern kann. Er nimmt Eingaben entgegen, führt Berechnungen durch und produziert Ausgaben. Das fundamentale Bauelement eines Computers ist das Bit. Ein Bit ist eine binäre Ziffer, d.h. es kann einen von zwei Werten haben: 0 oder 1. Klassische Computer verwenden Bits, um Informationen zu speichern und zu verarbeiten.

Jetzt kommen wir zu Quantencomputern. Quantencomputer verwenden einen anderen Baustein, der als Qubit bezeichnet wird. Ein Qubit kann wie ein Bit den Wert 0 oder 1 haben, aber es kann auch in einem Zustand existieren, der als Superposition bekannt ist. In der Superposition kann ein Qubit gleichzeitig in mehreren Zuständen sein. Darüber hinaus verwenden Quantencomputer eine weitere Eigenschaft der Quantenmechanik, die als Verschränkung bezeichnet wird. Diese ermöglicht es Qubits, so miteinander verbunden zu sein, dass der Zustand eines Qubits den Zustand eines anderen beeinflussen kann, selbst wenn sie weit voneinander entfernt sind.

Was bedeutet das nun in Bezug auf das Computing? Da Quantencomputer in mehreren Zuständen gleichzeitig existieren können, können sie viele Berechnungen gleichzeitig durchführen. Das macht sie unglaublich leistungsstark und in der Lage, Probleme zu lösen, die klassische Computer nicht lösen können. Zum Beispiel können Quantencomputer große Zahlen exponentiell schneller als klassische Computer faktorisieren, was wichtige Auswirkungen auf die Kryptographie und das Knacken von Codes hat.

Ein weiterer wichtiger Vorteil von Quantencomputern ist, dass sie das Verhalten von Quantensystemen wie

Molekülen und Materialien mit großer Genauigkeit simulieren können. Dies könnte zu Durchbrüchen in Bereichen wie Chemie, Materialwissenschaften und Medikamentenentwicklung führen.

Traditionelle Computer können lange brauchen, um die großen Datenmengen zu verarbeiten, die bei der Simulation des Verhaltens von Molekülen eine wichtige Rolle spielen, was ein wichtiger Schritt im Medikamentenentwicklungsprozess ist. Quantencomputer können jedoch diese Simulationen viel schneller und genauer durchführen und so helfen, in kürzerer Zeit neue und wirksamere Medikamente zu entdecken.

Wie funktioniert das dann? Stellen Sie sich vor, ein Pharmaunternehmen versucht, ein neues Medikament zur Behandlung einer Krankheit zu entwickeln. Es hat mehrere potenzielle Wirkstoffkandidaten identifiziert, aber noch nicht festgestellt, welcher am wirksamsten ist. Mit herkömmlichen Computern müssten sie Simulationen durchführen, wie diese Medikamente mit den Proteinen im Körper interagieren, die mit der Krankheit in Verbindung gebracht werden. Aber diese Simulationen sind komplex und erfordern viel Rechenleistung. Ein Quantencomputer würde dem

Unternehmen ermöglichen, diese Simulationen viel schneller durchzuführen und ihnen helfen, die vielversprechendsten Wirkstoffkandidaten schneller zu identifizieren. Dies könnte dazu führen, dass neue Medikamente schneller entwickelt und auf den Markt gebracht werden, was letztendlich den Patienten zugutekommt.

Ein weiteres Beispiel ist das Optimierungsproblem. Quantencomputing kann verwendet werden, um Optimierungsprobleme zu lösen, die für traditionelles Computing zu komplex sind. Diese Probleme können Logistik, Planung und Ressourcenzuteilung umfassen. Stellen Sie sich zum Beispiel ein Unternehmen vor, das Pakete mit einer Flotte von Fahrzeugen liefert. Es möchte die Anzahl der genutzten Lastwagen minimieren und gleichzeitig sicherstellen, dass alle Pakete pünktlich geliefert werden. Mit einem Quantencomputer könnte das Unternehmen schnell die effizientesten Lieferwege für seine Lastwagen finden, wodurch es Geld für Kraftstoff und andere Kosten sparen würde.

Es ist wichtig zu beachten, dass Quantencomputer noch in den Anfängen der Entwicklung sind und noch nicht kommerziell verfügbar sind. Es wird also noch einige

Zeit dauern, bis wir die praktischen Anwendungen des Quantencomputings sehen werden. Die Potenziale dieser Technologie sind jedoch unbestreitbar und es ist eine aufregende Zeit, um sich mit dem Quantencomputing zu beschäftigen.

In den kommenden Kapiteln werden wir tiefer in die Prinzipien der Quantenmechanik eintauchen, die das Quantencomputing möglich machen, die verschiedenen Arten von Quantenalgorithmen untersuchen und den aktuellen Stand des Quantencomputings sowie dessen potenzielle zukünftige Anwendungen erforschen.

Kapitel 2: Quantenmechanik 101

In diesem Abschnitt werden wir uns die grundlegenden Ideen der Quantenmechanik genauer ansehen, die die Grundlage für die Quantencomputertechnologie bilden. Die Quantenmechanik ist ein Zweig der Physik, der sich mit dem Verhalten von Materie und Energie auf atomarer und subatomarer Ebene befasst. Es ist schwierig zu verstehen, aber ein grundlegendes Verständnis ist unerlässlich, um zu verstehen, wie Quantencomputer funktionieren.

Stellen Sie sich folgendes vor: Sie sind am Strand und sehen eine Welle auf Sie zukommen. Die Welle breitet sich aus und nimmt viel Platz ein. Aber wenn die Welle auf den Strand trifft, zerfällt sie in viele einzelne Wassertropfen. Das ist ein bisschen wie das Verhalten eines Elektrons: es kann sich wie eine Welle verhalten und sich über einen großen Bereich ausbreiten, aber es kann auch wie ein Teilchen sein und sich an einem bestimmten Ort befinden.

Ein wichtiges Prinzip in der Quantenmechanik ist die Überlagerung. Dieses Prinzip besagt, dass ein kleines Teilchen gleichzeitig in mehreren Zuständen existieren kann. Es ist ein bisschen wie eine Münze, die nicht nur

Kopf oder Zahl sein kann, sondern gleichzeitig Kopf und Zahl. Diese Eigenschaft ermöglicht es einem sogenannten Qubit, in einem Quantencomputer gleichzeitig in mehreren Zuständen zu existieren. Und das ist es, was Quantencomputer so leistungsstark macht!

Ein weiteres wichtiges Prinzip in der Quantenmechanik ist die Verschränkung. Verschränkung tritt auf, wenn zwei winzige Teilchen miteinander verbunden sind, so dass das, was mit einem Teilchen geschieht, das andere Teilchen beeinflussen kann, auch wenn sie weit voneinander entfernt sind.

Stellen Sie sich folgendes vor: Sie haben zwei Freunde, die auf gegenüberliegenden Seiten des Landes leben. Obwohl sie weit voneinander entfernt sind, haben sie eine starke Verbindung und wenn etwas mit einem von ihnen passiert, wird der andere es sofort wissen. Das ist ein bisschen wie die Verbindung dieser winzigen Teilchen und das, was mit einem Teilchen passiert, kann das andere beeinflussen, auch wenn sie weit voneinander entfernt sind.

Darüber hinaus müssen wir uns in der Quantenmechanik auch mit dem Messprinzip befassen.

In der Quantenmechanik ändert das Messen eines Teilchens seinen Zustand. Es ist ein bisschen wie ein Geschenk, bei dem Sie nicht wissen, was drin ist, bis Sie es öffnen. Die Eigenschaften eines quantenmechanischen Teilchens sind nicht bestimmt, bis sie gemessen werden.

Diese Prinzipien mögen abstrakt und schwer zu begreifen sein, aber sie sind die Grundbausteine der Quantencomputertechnologie. Indem wir die Prinzipien der Quantenmechanik verstehen, können wir sehen, wie Quantencomputer Berechnungen durchführen und Probleme lösen können, die von klassischen Computern nicht gelöst werden können.

Im nächsten Kapitel werden wir diese Prinzipien noch stärker mit ihrer praktischen Anwendung verknüpfen, indem wir uns verschiedene Arten von Quantenalgorithmen und die Probleme ansehen, die sie lösen können.

Kapitel 3: Quantum Computing in Aktion

Im vorherigen Kapitel haben wir die grundlegenden Prinzipien der Quantenmechanik kennengelernt, die die Grundlage für den Quantencomputer bilden. In diesem Kapitel werden wir sehen, wie diese Prinzipien in der Praxis angewendet werden, indem wir verschiedene Arten von Quantenalgorithmen und die Probleme, die sie lösen können, erkunden.

3.1 Shors Algorithmus

Einer der bekanntesten Quantenalgorithmen heißt Shors Algorithmus. Es ist eine besondere Methode, um ein bestimmtes mathematisches Problem zu lösen, das mit einem Quantencomputer viel schneller gelöst werden kann als mit einem herkömmlichen Computer. Dieses Mathematikproblem wird Faktorisierung genannt, was im Grunde genommen darauf hinausläuft, eine große Zahl in kleinere Zahlen zu zerlegen, die miteinander multipliziert werden, um diese große Zahl zu erzeugen.

Stellen Sie sich vor, Sie haben ein Puzzle mit 100 Teilen und müssen herausfinden, welche Teile zusammenpassen, um das Bild auf der Schachtel zu erzeugen. Stellen Sie sich nun vor, dass Sie einen Freund haben, der alle Teile auf einmal betrachten kann und Ihnen sagen kann, welche zusammenpassen. So funktioniert Shors Algorithmus. Er kann eine große Zahl viel schneller zerlegen als jede andere Methode.

Viele der Methoden, die wir verwenden, um Informationen im Internet zu schützen, wie z. B. Online-Banking und Online-Shopping, verwenden dieses mathematische Problem, um sicherzustellen, dass nur die richtigen Personen die Informationen lesen können. Durch das Knacken dieser Codes kann Shors Algorithmus einen erheblichen Einfluss auf die Cybersicherheit haben und Angreifern den Zugang zu sensiblen Informationen erleichtern.

3.2 Grover-Algorithmus

Ein weiterer wichtiger Quantenalgorithmus wird der Grover-Algorithmus genannt. Es handelt sich dabei um eine spezielle Methode zur Suche in großen Datenmengen, die mit einem Quantencomputer viel schneller durchgeführt werden kann als mit einem herkömmlichen Computer. Stellen Sie sich vor, Sie haben einen großen Stapel von Büchern und suchen ein bestimmtes Buch. Mit dem Grover-Algorithmus ist es, als ob Sie ein magisches Werkzeug hätten, das Ihnen hilft, das gesuchte Buch in nur einem Bruchteil der Zeit zu finden, die es manuell brauchen würde.

Wir haben heutzutage so viele Informationen zur Verfügung, dass es schwierig sein kann, das zu finden, wonach Sie suchen.

In Bereichen wie maschinelles Lernen und künstliche Intelligenz, in denen Computer zum Lernen und Treffen von Entscheidungen auf der Grundlage großer Datenmengen eingesetzt werden, ist es entscheidend, diese Daten schnell und effizient durchsuchen zu können. Der Grover-Algorithmus ermöglicht schnellere und genauere Suchergebnisse, was in diesen Bereichen erhebliche Auswirkungen haben kann.

Es ist wie die Suche nach einem bestimmten Rezept auf einer Koch-Website. Während es mit klassischen Algorithmen länger dauert, das gewünschte Rezept zu finden, ist es mit Grovers Algorithmus schneller und effizienter.

3.3 Quantum Principal Component Analysis

Die Quantenversion der linearen Algebra, genannt Quantum Principal Component Analysis (QPCA), ist ein leistungsstarkes Werkzeug, das dazu beitragen kann, dass Computer große Datenmengen verstehen und verarbeiten können. Es ist wie eine super aufgeladene Version der Mathematik, die Computern hilft, Dinge wie Bilder und Videos zu verstehen.

Eines der Dinge, die QPCA kann, ist die Datenkompression. Stellen Sie sich vor, Sie nehmen eine große Datei wie einen Film und machen sie kleiner, damit sie weniger Speicherplatz auf Ihrem Computer benötigt. Mit QPCA kann dieser Prozess viel schneller und mit besseren Ergebnissen als mit herkömmlichen Methoden durchgeführt werden. Es ist wie die Verwendung eines speziellen Werkzeugs, um eine Videodatei zu komprimieren, sie kleiner zu machen, ohne wichtige Informationen zu verlieren.

Eine weitere Sache, die QPCA kann, ist die Dimensionsreduktion. Stellen Sie sich vor, Sie nehmen ein sehr kompliziertes Bild und vereinfachen es, damit es für einen Computer leichter verständlich ist. Mit QPCA kann dieser Prozess viel schneller und mit besseren Ergebnissen als mit herkömmlichen

Methoden durchgeführt werden. Es ist wie die Verwendung eines speziellen Werkzeugs, um ein komplexes Bild zu vereinfachen und es für einen Computer leichter verständlich und verarbeitbar zu machen.

QPCA wurde in der Bildkompression und der Merkmalsextraktion für maschinelles Lernen eingesetzt. Es kann Computern helfen, Bilder und Videos schneller und mit besseren Ergebnissen zu verarbeiten. Es ist wie die Verwendung eines speziellen Werkzeugs, um einem Computer zu helfen, Bilder und Videos effektiver zu verstehen und damit zu arbeiten.

3.4 Der Quantum-Simulationsalgorithmus

Der Quantum-Simulationsalgorithmus ist ein weiterer wichtiger Quantenalgorithmus. Es handelt sich dabei um eine spezielle Methode, mit der ein Quantencomputer das Verhalten von Quantensystemen wie Molekülen und Materialien mit großer Genauigkeit nachahmen kann. Stellen Sie sich vor, Sie sind ein Wissenschaftler, der versucht, das Verhalten eines bestimmten Moleküls zu verstehen oder wie ein neues Material unter verschiedenen

Bedingungen reagieren wird. Der Quantum-Simulationsalgorithmus ermöglicht es Ihnen, einen virtuellen Nachbau des Moleküls oder Materials zu erstellen und es in einer virtuellen Umgebung zu testen.

In Bereichen wie Chemie, Materialwissenschaften und Arzneimittel-entwicklung müssen Wissenschaftler häufig das Verhalten von Molekülen und Materialien studieren und verstehen, um neue Entdeckungen und Fortschritte zu erzielen. Durch den Einsatz des Quantum-Simulationsalgorithmus können Wissenschaftler ein genauer und detaillierteres Verständnis dieser Systeme erlangen, was zu Durchbrüchen in diesen Bereichen führen könnte.

Zum Beispiel können Wissenschaftler in der Arzneimittelentwicklung den Quantum-Simulationsalgorithmus verwenden, um zu simulieren, wie ein neues Medikament mit verschiedenen Proteinen im menschlichen Körper interagieren wird. Dies hilft ihnen zu verstehen, wie das Medikament wirken wird und welche möglichen Nebenwirkungen es haben könnte. Ähnlich können Wissenschaftler in den Materialwissenschaften den Quantum-Simulationsalgorithmus verwenden, um zu simulieren, wie sich verschiedene Materialien unter extremen

Bedingungen wie hohem Druck oder hoher Temperatur verhalten werden. Dies kann ihnen helfen, neue Materialien mit spezifischen Eigenschaften zu entwerfen.

3.5 Das Problem des Handlungsreisenden

Quantencomputing hat das Potenzial, eine Vielzahl von Problemen zu lösen, einschließlich Optimierungsproblemen. Ein Beispiel für ein Optimierungsproblem ist das Problem des Handlungsreisenden (TSP). Das TSP ist ein Problem, bei dem die effizienteste Route für einen Verkäufer gefunden werden soll, um eine bestimmte Anzahl von Städten zu besuchen, wobei jede Stadt nur einmal besucht wird und der Verkäufer zum Ausgangspunkt zurückkehrt.

Dieses Problem hat viele Anwendungen in der realen Welt, wie beispielsweise in der Logistik und dem Transportwesen. Stellen Sie sich vor, Sie sind ein Lieferunternehmen und möchten die effizienteste Route für Ihren Lieferwagen finden, um eine bestimmte Anzahl von Städten zu besuchen, wobei der Lieferwagen jede Stadt nur einmal besucht und zum

Ausgangspunkt zurückkehrt. Dieses Problem kann mit klassischen Computern sehr komplex und zeitaufwändig sein. Quantum Computing hat jedoch das Potenzial, dieses Problem viel schneller und effizienter zu lösen.

Zum Beispiel können Unternehmen in der Logistik Quantencomputing nutzen, um Lieferrouten zu optimieren, was zu Kosteneinsparungen, geringerem Kraftstoffverbrauch und verbesserten Lieferzeiten führen kann. Ebenso kann Quantum Computing im Transportwesen genutzt werden, um Routen für Züge und Busse zu optimieren, was zu kürzeren Reisezeiten, verbesserter Zuverlässigkeit und geringeren Kosten führen kann.

Dies ist ein Beispiel dafür, wie Quantum Computing helfen kann, reale Probleme zu lösen, mit denen wir in unserem täglichen Leben konfrontiert sind. Die Fähigkeit, Optimierungsprobleme wie das TSP zu lösen, kann einen erheblichen Einfluss auf verschiedene Branchen haben und zu einer besseren und effizienteren Arbeitsweise führen.

3.6 Der Quantenphasenschätzalgorithmus (QPE)

Der Quantenphasenschätzalgorithmus (QPE) ist ein leistungsstarkes Werkzeug, das in der Quanteninformatik verwendet wird, um die Eigenwerte eines unitären Operators abzuschätzen. Eigenwerte sind eine besondere Menge von Zahlen, die das Verhalten eines Systems beschreiben und in vielen Bereichen der Wissenschaft und Technik sehr wichtig sind.

Stellen Sie sich vor, Sie sind ein Koch, der versucht, einen perfekten Kuchen zu backen. Um den perfekten Kuchen zu machen, müssen Sie die richtige Temperatur und Backzeit kennen. Mit einem klassischen Ofen würde es lange dauern, um die richtige Temperatur und Backzeit zu finden. Aber mit einem Quantenofen und dem QPE-Algorithmus können Sie die richtige Temperatur und Backzeit viel schneller finden und den perfekten Kuchen backen.

Ein weiteres Beispiel ist die Wettervorhersage. Um genaue Wettervorhersagen zu machen, müssen Meteorologen die Temperatur, Luftfeuchtigkeit und Windgeschwindigkeit in verschiedenen Höhen kennen. Mit klassischen Computern würde es lange dauern, um all diese Daten zu verarbeiten und genaue Vorhersagen zu machen. Aber mit Quantencomputern und dem QPE-Algorithmus können Sie die Daten viel schneller verarbeiten und genauere Vorhersagen machen.

3.7 Der Deutsch-Jozsa-Algorithmus

Der Deutsch-Jozsa-Algorithmus ist ein Quantenalgorithmus, der bestimmen kann, ob eine boolesche Funktion ausgeglichen oder konstant ist. Eine boolesche Funktion ist eine Funktion, die eine Menge von Eingaben entgegennimmt und entweder einen "wahren" oder "falschen" Wert ausgibt. Eine ausgeglichene boolesche Funktion gibt "wahr" und "falsch" mit gleicher Wahrscheinlichkeit aus, während eine konstante boolesche Funktion immer denselben Wert ausgibt.

Stellen Sie sich vor, Sie möchten herausfinden, ob eine Münze fair ist oder nicht. Eine faire Münze hätte eine 50/50-Chance, entweder Kopf oder Zahl zu zeigen. Eine solche Münze ist ausgeglichen. Wenn die Münze hingegen immer nur Kopf zeigt, ist sie eine konstante Funktion. Mit klassischen Computern kann die Bestimmung, ob eine boolesche Funktion ausgeglichen oder konstant ist, zeitaufwändig sein und viele

Berechnungen erfordern. Der Deutsch-Jozsa-Algorithmus kann dieses Problem exponentiell schneller als ein klassischer Computer lösen und ist somit ein mächtiges Werkzeug im Bereich der Quantencomputertechnologie.

Ein weiteres Beispiel ist, wenn Sie eine bestimmte mathematische Funktion haben und prüfen müssen, ob diese Funktion konstant ist oder ihre Ausgabe je nach Eingabe ändert. In der klassischen Computertechnologie kann es viel Zeit in Anspruch nehmen, dies zu überprüfen, aber mit dem Deutsch-Jozsa-Algorithmus kann dies exponentiell schneller erledigt werden.

Es ist wichtig zu beachten, dass diese Quantenalgorithmen zwar erhebliche Vorteile gegenüber klassischen Algorithmen bieten, sie sind jedoch nicht immer schneller oder effizienter. Es hängt vom Problem und der Größe und Struktur der Eingabe ab. Außerdem ist zu beachten, dass viele dieser Algorithmen noch in der Forschungsphase sind und noch nicht vollständig entwickelt sind.

Im nächsten Kapitel werden wir den aktuellen Stand der Quantencomputertechnologie und den Fortschritt, der bei der Entwicklung von Quantencomputern erzielt wurde, genauer untersuchen.

Kapitel 4: Qubits und Quantenhardware

Quantum Computing basiert auf dem Konzept der Qubits oder Quantenbits, den grundlegenden Informationseinheiten im Quantencomputing. Wie wir am Anfang des Buches erwähnt haben, können sich Qubits in einer Überlagerung von Zuständen befinden, die eine Kombination der Zustände 0 und 1 darstellen. Im Gegensatz zu klassischen Bits, die nur den Zustand 0 oder 1 annehmen können. Diese einzigartige Eigenschaft von Qubits ermöglicht es Quantencomputern, Probleme zu lösen, die für klassische Computer unlösbar sind.

Arten von Qubits Es gibt verschiedene Arten von Qubits, die im Quantencomputing verwendet werden, jede mit ihren eigenen Vor- und Nachteilen. Einige gängige Arten von Qubits sind supraleitende Qubits, eingefangene Ionen-Qubits und Topologische Qubits.

4.1 Supraleitende Qubits

Supraleitende Qubits sind eine Art von Qubits, die aus supraleitenden Materialien wie Niob hergestellt werden, die Elektrizität ohne Widerstand leiten können, wenn sie auf extrem niedrige Temperaturen gekühlt werden. Diese Qubits sind derzeit die am weitesten verbreitete Art von Qubits in aktuellen Quantencomputern, da sie relativ einfach herzustellen und zu betreiben sind, was sie skalierbar und kostengünstig macht.

Es ist jedoch auch bekannt, dass supraleitende Qubits sehr empfindlich auf Rauschen und Dekohärenz reagieren, was zu Fehlern bei der Quantenberechnung führen kann. Dies liegt daran, dass supraleitende Qubits typischerweise aus mehreren Komponenten bestehen, darunter Josephson-Kontakte und Resonatoren, die anfällig für Umweltfaktoren wie Temperaturschwankungen und elektromagnetische Interferenzen sind.

Um diesen Herausforderungen zu begegnen, untersuchen Forscher verschiedene Ansätze zur Verbesserung der Leistung von supraleitenden Qubits, wie z. B. die Optimierung ihrer Design- und Herstellungsprozesse, die Implementierung von Fehlerkorrekturprotokollen und die Entwicklung neuer Materialien mit verbesserten Kohärenzeigenschaften. Diese Bemühungen haben bereits zu erheblichen Verbesserungen der Kohärenzzeiten und Fehlerraten von supraleitenden Qubits geführt, aber es bleibt noch viel zu tun, um sie zuverlässiger und praktischer für groß angelegte Quantencomputeranwendungen zu machen.

4.2 Eingefangene Ionen-Qubits

Eingefangene Ionen-Qubits sind eine Art von Qubits, die im Quantencomputing verwendet werden und die Eigenschaften von Ionen nutzen, die in einem Vakuum durch elektromagnetische Felder eingefangen werden. Diese Qubits werden erzeugt, indem Laser verwendet werden, um die Energiezustände der Ionen zu manipulieren, die zur Durchführung von Quantenoperationen verwendet werden können.

Ein Vorteil von eingefangenen Ionen-Qubits ist ihre relative Stabilität und Genauigkeit im Vergleich zu anderen Arten von Qubits, einschließlich supraleitender Qubits. Sie können verwendet werden, um hochgenaue und zuverlässige Quantenberechnungen durchzuführen. Aufgrund der Notwendigkeit einer präzisen Lasersteuerung und Hochvakuumbedingungen können sie jedoch auch schwierig zu steuern und zu skalieren sein. Dies kann ihre praktische Verwendung in großen Quantencomputersystemen einschränken.

Trotz dieser Herausforderungen arbeiten Forscher weiterhin an der Entwicklung und Optimierung von gefangenen Ionen-Qubits für den Einsatz im Quantencomputing und gelten als vielversprechendes Forschungsgebiet.

4.3 Topologische Qubits

Topologische Qubits sind ein relativ neuer Ansatz für das Quantencomputing und befinden sich noch im Experimentierstadium. Sie stützen sich auf die Prinzipien der Topologie, einem Zweig der Mathematik, der die Eigenschaften des Raums untersucht, die bei kontinuierlichen Transformationen wie Dehnung und Biegung erhalten bleiben. Insbesondere topologische Materialien haben Eigenschaften, die gegenüber kleinen Störungen robust sind, was sie zu vielversprechenden Kandidaten für den Bau stabilerer und zuverlässigerer Qubits macht.

Topologische Qubits basieren auf der Manipulation von Majorana-Fermionen, bei denen es sich um hypothetische Teilchen handelt, die ihre eigenen Antiteilchen sind. Es wird angenommen, dass diese Partikel in bestimmten topologischen Materialien wie supraleitenden Drähten mit einer bestimmten Geometrie existieren, und sie haben das Potenzial, Quanteninformationen auf eine Weise zu kodieren, die immun gegen lokale Störungen ist.

Der Vorteil topologischer Qubits besteht darin, dass sie möglicherweise zum Bau fehlertoleranterer Quantencomputer verwendet werden können, da die Quanteninformationen auf eine Weise codiert werden, die widerstandsfähiger gegenüber Fehlern ist, die durch Rauschen und Dekohärenz verursacht werden. Die Herausforderung besteht jedoch darin, geeignete topologische Materialien zu finden, mit denen Majorana-Fermionen erzeugt und manipuliert werden können, und praktische Wege zu entwickeln, um die Anzahl der Qubits zu erhöhen und ihre Wechselwirkungen zu steuern.

4.4 Überblick über Quantenhardware und Quantencomputerarchitekturen

Quantencomputer erfordern ein komplexes System von Hardwarekomponenten, um Qubits zu manipulieren und zu messen. Die Grundkomponenten eines

Quantencomputers sind Qubits, Steuerelektronik, kryogene Systeme und Ausleseelektronik.

Die Architektur von Quantencomputern kann in zwei Hauptkategorien eingeteilt werden: Gate-basierte Quantencomputer und Annealing-basierte Quantencomputer. Gate-basierte Quantencomputer verwenden Quantengatter, um Qubits zu manipulieren und Operationen durchzuführen, während glühbasierte Quantencomputer Quantenglühen verwenden, um den Grundzustand eines bestimmten Problems zu finden.

Herausforderungen und Einschränkungen von Quantenhardware Quantenhardware bringt mehrere Herausforderungen und Einschränkungen mit sich, die überwunden werden müssen, um praktische Quantencomputer zu bauen. Eine der größten Herausforderungen ist das Problem der Dekohärenz, das sich auf den Kohärenzverlust in Qubits aufgrund von Wechselwirkungen mit der Umgebung bezieht. Dekohärenz verursacht Fehler in Quantenberechnungen und schränkt die Fähigkeit von Quantencomputern ein, komplexe Berechnungen durchzuführen.

Eine weitere Herausforderung ist das Problem der Skalierbarkeit, das sich auf die Fähigkeit bezieht, die Anzahl der Qubits zu erhöhen und Operationen an ihnen auszuführen, ohne Fehler einzuführen. Quantencomputer mit mehreren zehn Qubits sind derzeit verfügbar, aber der Bau eines großen Quantencomputers mit Hunderten oder Tausenden von Qubits ist immer noch eine große Herausforderung.

Darüber hinaus erfordert Quantenhardware komplexe kryogene Systeme, um die Qubits auf extrem niedrigen Temperaturen zu halten, was teuer und schwierig zu warten sein kann. Darüber hinaus erfordern das Design und die Herstellung von Qubits und anderen Hardwarekomponenten spezielle Fachkenntnisse und Einrichtungen, was es kleineren Organisationen erschwert, in dieses Feld einzusteigen.

Qubits und Quantenhardware sind die Bausteine von Quantencomputern. Die Entwicklung verschiedener Arten von Qubits und Quantenhardware hat es Forschern ermöglicht, immer ausgefeiltere Quantencomputer zu bauen. Es bleiben jedoch mehrere Herausforderungen und Einschränkungen bestehen, darunter das Problem der Dekohärenz, Skalierbarkeit und die hohen Kosten und Komplexität von Quantenhardware. Die Bewältigung dieser Herausforderungen wird entscheidend für die Entwicklung praktischer Quantencomputer sein, die reale Probleme lösen können.

Kapitel 5: Korrektur von Quantenfehlern

Quantencomputer haben das Potenzial, Probleme zu lösen, die über die Fähigkeiten klassischer Computer hinausgehen. Der Bau und Betrieb eines großen Quantencomputers ist jedoch eine herausfordernde Aufgabe. Eine der größten Herausforderungen ist der Umgang mit Fehlern, die durch die fragile Natur von Quantenbits oder Qubits verursacht werden. Die Quantenfehlerkorrektur (QEC) ist ein wesentliches Werkzeug, das benötigt wird, um das Problem von Fehlern im Quantencomputing anzugehen. Dieses Kapitel gibt einen Überblick über die Quantenfehlerkorrektur, ihre Grenzen und Herausforderungen sowie ihre praktischen Anwendungen.

5.1 Überblick über die Quantenfehlerkorrektur

Die Quantenfehlerkorrektur ist eine Reihe von Techniken, die zum Erkennen und Korrigieren von Fehlern in Quantenzuständen verwendet werden. Das Ziel der Quantenfehlerkorrektur besteht darin, die im Quantenzustand codierten Informationen selbst bei Vorhandensein von Fehlern zu bewahren, die durch

Dekohärenz, unvollständige Operationen und andere Rauschquellen verursacht werden. QEC stützt sich auf die Prinzipien der Quantenmechanik, um Fehler zu erkennen und zu korrigieren, indem redundante Kopien der Qubits erstellt und Quantenoperationen verwendet werden, um diese Kopien zu vergleichen und zu manipulieren.

Eine der wichtigsten Komponenten der Quantenfehlerkorrektur ist der Quantenfehlerkorrekturcode (QECC). QECC ist eine spezielle Art von Code, der vor Fehlern in Quantenzuständen schützen kann. Ein QECC kann verwendet werden, um ein einzelnes Qubit in einen größeren Satz von Qubits zu codieren, der als Codewort bezeichnet wird. Das Codewort enthält redundante Informationen, die verwendet werden können, um Fehler im ursprünglichen Qubit zu erkennen und zu korrigieren. QECCs verwenden eine Kombination aus Verschränkung, Überlagerung und Messung, um Fehler zu erkennen und zu korrigieren.

5.2 Einschränkungen und Herausforderungen der Quanten fehlerkorrektur

Trotz ihres Potenzials ist die Quantenfehlerkorrektur mit mehreren Einschränkungen und Herausforderungen konfrontiert. Eine der größten Herausforderungen ist die Schwierigkeit, die Quantenfehlerkorrektur in der Praxis umzusetzen. QECCs erfordern viel mehr Qubits als das ursprüngliche Qubit, was die Skalierung auf große Systeme schwierig macht. Dies liegt daran, dass der Rauschpegel in einem Quantensystem exponentiell mit der Anzahl der Qubits ansteigt und das Hinzufügen weiterer Qubits zu einem System den Rauschpegel über das hinaus erhöhen kann, was die Fehlerkorrekturcodes verarbeiten können.

Eine weitere Herausforderung besteht darin, dass Quantenfehlerkorrekturcodes bei ihrer Implementierung ein hohes Maß an Genauigkeit und Präzision erfordern. Jegliche Mängel in der Hardware oder im Betrieb können zu Fehlern führen, die von der QECC nicht erkannt oder korrigiert werden. Außerdem kann die zum Ausführen eines Quantenfehlerkorrekturcodes erforderliche Zeit viel länger sein als die zum Ausführen einer einzelnen

Quantenoperation erforderliche Zeit. Dies kann die Geschwindigkeit und Effizienz des Quantencomputings einschränken.

5.3 Praktische Anwendungen der Quantenfehlerkorrektur

Trotz der Herausforderungen hat die Quantenfehlerkorrektur mehrere reale Anwendungen. Eine der wichtigsten Anwendungen ist die Quantenkryptografie. Die Quantenkryptographie ist eine Methode zur sicheren Kommunikation, die auf den Prinzipien der Quantenmechanik basiert. Quantenfehlerkorrekturcodes können verwendet werden, um die Sicherheit der Quantenkommunikation zu schützen, indem alle Fehler, die in den Quantenzuständen auftreten, erkannt und korrigiert werden.

Eine weitere Anwendung der Quantenfehlerkorrektur ist die Quantensimulation. Quantensimulation ist die Verwendung von Quantencomputern zur Simulation des Verhaltens von Quantensystemen, die auf klassischen Computern nur schwer oder gar nicht simuliert werden können. Die Quantenfehlerkorrektur ist für die Durchführung genauer Simulationen unerlässlich, da das Rauschen im System Fehler verursachen kann, die die Simulation verzerren können.

Die Quantenfehlerkorrektur ist eine entscheidende Komponente des Quantencomputings, da sie für den Schutz der Integrität von Quantenzuständen und die Ermöglichung von Quantencomputing im großen Maßstab unerlässlich ist. Obwohl die Quantenfehlerkorrektur mit mehreren Einschränkungen und Herausforderungen konfrontiert ist, hat sie mehrere reale Anwendungen in Bereichen wie Quantenkryptographie und Quantensimulation. Bei der Weiterentwicklung von Quantencomputern wird die Quantenfehlerkorrektur eine entscheidende Rolle dabei spielen, das volle Potenzial von Quantencomputern auszuschöpfen.

Kapitel 6: Anwendungen der Quanteninformatik

In den vorherigen Kapiteln haben wir die Prinzipien der Quantenmechanik kennengelernt, die die Grundlage der Quanteninformatik bilden, sowie die verschiedenen Arten von Quantenalgorithmen, die spezifische Probleme lösen können. In diesem Kapitel werden wir untersuchen, wie die Quanteninformatik in verschiedenen Bereichen eingesetzt werden kann, um reale Probleme zu lösen und unser Leben zu verbessern.

6.1 Bereich Finanzen

Einer der aufregendsten Bereiche, in denen die Quanteninformatik einen großen Einfluss haben kann, ist die Finanzbranche. Quantencomputer sind unglaublich leistungsstark und können Simulationen und Berechnungen durchführen, die für herkömmliche Computer derzeit zu komplex sind. Dies eröffnet eine breite Palette von Möglichkeiten für die Finanzbranche.

Stellen Sie sich vor, Sie sind ein Finanzanalyst und möchten Vorhersagen über die Börse oder die

Wirtschaft treffen. Mit einem herkömmlichen Computer können Sie nur Vorhersagen auf der Grundlage der verfügbaren Daten treffen, die möglicherweise nicht ausreichen, um genaue Prognosen zu erstellen. Mit einem Quantencomputer können Sie jedoch Simulationen durchführen, die eine viel größere Menge an Daten und Variablen berücksichtigen und zu genaueren Vorhersagen führen können.

Angenommen, Sie sind Finanzanalyst und möchten Vorhersagen über den Aktienmarkt oder die Wirtschaft machen. Mit einem herkömmlichen Computer können Sie nur Produkte auf der Grundlage der verfügbaren Informationen entwickeln, die möglicherweise nicht ausreichen, um neue Chancen zu identifizieren. Mit einem Quantencomputer können Sie jedoch Simulationen durchführen, die eine viel größere Menge an Daten und Variablen berücksichtigen und die Entdeckung neuer Finanzprodukte ermöglichen, die zuvor unbekannt waren.

Zum Beispiel kann die Quanteninformatik im Bereich Finanzen verwendet werden, um verschiedene Szenarien auf dem Aktienmarkt zu simulieren, um Muster zu identifizieren und zukünftige Trends vorherzusagen. Dies kann Finanzinstituten helfen, bessere Entscheidungen zu treffen und neue Produkte zu entwickeln, die dazu beitragen können, Risiken zu reduzieren und Renditen zu erhöhen. Ebenso kann die Quanteninformatik zur Optimierung von Portfolios, zur Identifizierung neuer Investitionsmöglichkeiten und zur Entwicklung neuer Finanzinstrumente eingesetzt werden.

Dies ist nur ein Beispiel dafür, wie die Quanteninformatik einen großen Einfluss auf die Finanzbranche haben kann. Mit ihrer Fähigkeit, komplexe Simulationen und Berechnungen durchzuführen, kann uns die Quanteninformatik dabei helfen, bessere Entscheidungen zu treffen, neue Chancen zu entdecken und neue Produkte zu entwickeln, die dazu beitragen können, die Finanzbranche zu verbessern.

6.2 Bereich der Medizin

Im Bereich der Medizin hat die Quantencomputertechnologie das Potenzial, die Art und Weise zu verändern, wie wir neue Medikamente und Behandlungsmethoden für Krankheiten entdecken und entwickeln. Der Grund dafür ist, dass Quantencomputer unglaublich leistungsfähig sind und das Verhalten komplexer Moleküle auf eine Weise simulieren können, die von herkömmlichen Computern nicht möglich ist.

Stellen Sie sich vor, Sie sind ein Forscher und möchten ein neues Medikament zur Behandlung einer bestimmten Krankheit entwickeln. Mit einem herkömmlichen Computer können Sie nur eine begrenzte Anzahl von Molekülen simulieren, was möglicherweise nicht ausreicht, um ein geeignetes Medikament zu finden. Mit einem Quantencomputer können Sie eine viel größere Anzahl von Molekülen simulieren, was die Chancen erhöht, ein geeignetes Medikament zu finden.

Beispielsweise kann in der Medizin die Quantencomputertechnologie eingesetzt werden, um das Verhalten von komplexen Molekülen zu simulieren, die mit einer bestimmten Krankheit in Verbindung stehen. Dies kann Forschern helfen, neue Medikamente und Behandlungsmethoden zu identifizieren, die zur Heilung der Krankheit beitragen können. Ebenso kann die Quantencomputertechnologie verwendet werden, um die Struktur von Molekülen zu optimieren, neue Ziele für Medikamente zu identifizieren und die Nebenwirkungen von Medikamenten vorherzusagen.

Dies ist nur ein Beispiel dafür, wie die Quantencomputertechnologie einen großen Einfluss auf den medizinischen Bereich haben kann. Mit ihrer Fähigkeit, das Verhalten komplexer Moleküle zu simulieren, kann die Quantencomputertechnologie Forschern helfen, neue Medikamente und Behandlungsmethoden zu entdecken, die zur Verbesserung der menschlichen Gesundheit beitragen können. Darüber hinaus kann sie auch dazu beitragen, bestehende Medikamente zu optimieren und die Zeit und Kosten für die Medikamentenentwicklung zu reduzieren.

Diese Technologie kann auch im Bereich der Genetik und Genomik eingesetzt werden, da sie dazu beitragen kann, das Verhalten komplexer biologischer Systeme wie Proteine und DNA zu simulieren. Sie kann auch bei der Identifizierung neuer Ziele für Medikamente und bei der Entwicklung personalisierter Medizin helfen.

6.3 Bereich Energie

Der Bereich der Energie ist ein weiteres Gebiet, in dem Quantencomputing einen signifikanten Einfluss haben kann. Quantencomputer können das Verhalten von Materialien auf atomarer und subatomarer Ebene simulieren, was zur Entwicklung neuer Materialien für die Verwendung in Solarzellen und Batterien führen könnte.

Stellen Sie sich das so vor: Eine Solarzelle ist ein Gerät, das Sonnenlicht in Strom umwandelt. Um eine Solarzelle effizienter zu machen, müssen Wissenschaftler Materialien finden, die mehr Sonnenlicht absorbieren können. Mit einem klassischen Computer ist es schwierig, das Verhalten von Materialien auf atomarer und subatomarer Ebene zu simulieren, was es schwierig macht, neue Materialien zu finden, die mehr Sonnenlicht absorbieren können. Mit einem Quantencomputer können Wissenschaftler das Verhalten von Materialien auf atomarer und subatomarer Ebene simulieren, was die Chancen erhöht, neue Materialien zu finden, die mehr Sonnenlicht absorbieren können.

Ebenso sind Batterien ein wesentlicher Bestandteil unseres täglichen Lebens und versorgen unsere

Telefone, Laptops und sogar Autos mit Energie. Um Batterien effizienter zu machen, müssen Wissenschaftler Materialien finden, die mehr Energie speichern können. Mit einem klassischen Computer ist es schwierig, das Verhalten von Materialien auf atomarer und subatomarer Ebene zu simulieren, was es schwierig macht, neue Materialien zu finden, die mehr Energie speichern können. Mit einem Quantencomputer können Wissenschaftler das Verhalten von Materialien auf atomarer und subatomarer Ebene simulieren, was die Chancen erhöht, neue Materialien zu finden, die mehr Energie speichern können.

6.4 Künstliche Intelligenz (KI)

Künstliche Intelligenz (KI) ist ein weiteres Gebiet, das von der Quantencomputertechnologie profitieren könnte. Quantencomputer können maschinelles Lernen und Mustererkennungsaufgaben durchführen, die derzeit für klassische Computer zu komplex sind.

Stellen Sie sich vor, Sie sind Arzt und versuchen, ein Heilmittel für eine seltene Krankheit zu finden. Um das Heilmittel zu finden, müssen Sie eine große Menge an

Daten analysieren, wie z.B. Patientenakten, Laborergebnisse und genetische Informationen. Mit einem klassischen Computer würde es lange dauern, all diese Daten zu analysieren und das Heilmittel zu finden. Aber mit einem Quantencomputer können Sie die Daten viel schneller analysieren und das Heilmittel schneller finden.

Ein weiteres Beispiel sind selbstfahrende Autos. Damit ein selbstfahrendes Auto funktioniert, muss es eine Menge Daten aus Kameras, Sensoren und GPS analysieren. Mit einem klassischen Computer würde es lange dauern, all diese Daten zu analysieren und das Auto sicher zu fahren. Aber mit einem Quantencomputer können Sie die Daten viel schneller analysieren und das Auto sicherer und effizienter fahren lassen.

6.5 Maschinelles Lernen

Quantencomputing hat das Potenzial, das maschinelle Lernen zu revolutionieren und die Entwicklung von genaueren und effizienteren Algorithmen zu ermöglichen. Zum Beispiel könnte Quantencomputing verwendet werden, um die Genauigkeit der natürlichen

Sprachverarbeitung, der Bilderkennung und anderer Anwendungen des maschinellen Lernens zu verbessern.

6.6 Materialwissenschaften

Quantencomputing könnte effizientere Simulationen von Materialien auf quantenebenermöglichen, was zur Entdeckung neuer Materialien mit einzigartigen Eigenschaften führen könnte. Zum Beispiel könnte die Entwicklung neuer Supraleiter die Stromübertragung revolutionieren, und Quantencomputing könnte den Prozess der Entdeckung dieser Materialien beschleunigen. Darüber hinaus könnte Quantencomputing verwendet werden, um chemische Reaktionen zu simulieren, was die Entwicklung neuer Medikamente und Materialien ermöglichen würde.

Es ist wichtig zu beachten, dass dies nur einige Beispiele für potenzielle Anwendungen von Quantencomputern sind und dass das Feld noch in den Anfängen der Entwicklung steht und viele dieser Anwendungen noch erforscht werden. Die potenzielle Auswirkung von Quantencomputern auf diese und andere Gebiete ist jedoch unbestreitbar.

Im nächsten Kapitel werden wir uns den aktuellen Stand der Quantencomputertechnologie und den Fortschritt bei der Entwicklung von Quantencomputern ansehen.

Kapitel 7: Der Stand der Quantencomputertechnologie

In den vorangegangenen Kapiteln haben wir die Prinzipien der Quantenmechanik kennengelernt, auf denen die Quantencomputertechnologie basiert, die verschiedenen Arten von Quantenalgorithmen, die bestimmte Probleme lösen können, und die möglichen Anwendungen der Quantencomputertechnologie. In diesem Kapitel betrachten wir den aktuellen Stand der Quantencomputertechnologie und die Fortschritte in der Entwicklung von Quantencomputern.

Derzeit haben die fortschrittlichsten Quantencomputer nur eine kleine Anzahl von Qubits, normalerweise weniger als 100. Diese Computer sind in der Lage, einfache Quantenalgorithmen und -simulationen durchzuführen, aber sie sind noch nicht leistungsfähig genug, um die komplexen Berechnungen durchzuführen, die für viele ihrer Computer erforderlich sind. erfordern Anwendungen, die im vorherigen Kapitel besprochen wurden.

Trotzdem wurden in den letzten Jahren erhebliche Fortschritte bei der Entwicklung von Quantencomputern erzielt. Viele Unternehmen und

Forschungsinstitute auf der ganzen Welt arbeiten an der Entwicklung leistungsfähigerer Quantencomputer, wobei einige Unternehmen behaupten, Quantencomputer mit Hunderten von Qubits entwickelt zu haben.

Es gibt auch mehrere Technologien, die zum Bau von Quantencomputern verwendet werden, wie supraleitende Qubits, gefangene Ionen und topologische Qubits. Wie wir bereits gesehen haben, hat jede Technologie ihre eigenen Vor- und Nachteile und es ist noch nicht klar, welche Technologie letztendlich die erfolgreichste sein wird.

Trotz erheblicher Fortschritte in der Entwicklung von Quantencomputern müssen noch viele Herausforderungen bewältigt werden, bevor Quantencomputer ihr volles Potenzial ausschöpfen können.

1. **Skalierbarkeit**

    Eine der größten Herausforderungen für Quantencomputer ist die Skalierbarkeit. Aktuelle Quantencomputer sind in Größe und Anzahl der Qubits, die sie unterstützen können, begrenzt. Daher sind sie noch nicht leistungsfähig genug, um viele praktische Probleme zu lösen. Die Skalierung von Quantencomputern ist eine große Herausforderung, die Verbesserungen in Hardware, Software und Fehlerkorrekturtechniken erfordert.

2. Rausch- und Fehlerkorrektur

Quantencomputer sind sehr empfindlich gegenüber externem Rauschen und Fehlern, die erhebliche Fehler in den Berechnungen verursachen können. Daher ist die Fehlerkorrektur ein kritischer Teil des Quantencomputings. Die Entwicklung effektiver Fehlerkorrekturtechniken ist jedoch immer noch eine große Herausforderung.

3. Kosten

Quantum Computing steckt noch in den Kinderschuhen und die Kosten für den Bau und die Wartung von Quantencomputern sind hoch. Infolgedessen ist der Zugang zu Quantencomputing-Ressourcen derzeit auf eine kleine Anzahl von Organisationen und Forschern beschränkt. Die Kosten des

Quantencomputings zu senken und es breiter verfügbar zu machen, wird ein wichtiger Schritt sein, um sein volles Potenzial auszuschöpfen.

4. Talent

Schließlich herrscht im Bereich des Quantencomputings ein Mangel an Talenten. Da Quantencomputer immer mehr zum Mainstream werden, wird es einen wachsenden Bedarf an qualifizierten Fachleuten mit Fachkenntnissen in Quantenmechanik, Informatik und verwandten Bereichen geben. Die Überwindung dieses Talentmangels wird entscheidend für die weitere Entwicklung des Quantencomputings sein.

Trotz dieser Herausforderungen ist das Potenzial der Quantencomputertechnologie unbestreitbar. Mit fortgesetzter Forschung und Entwicklung können wir in Zukunft leistungsfähigere und leistungsfähigere Quantencomputer erwarten.

Im nächsten Kapitel werden wir die potenzielle Zukunft des Quantencomputings diskutieren, einschließlich der Möglichkeit, ein Quanteninternet zu schaffen, und der Auswirkungen, die das Quantencomputing auf die Gesellschaft haben könnte.

Kapitel 8: Gesellschaftliche Auswirkungen von Quantencomputing

Quantum Computing ist eine sich schnell entwickelnde Technologie, die das Potenzial hat, viele Bereiche der Gesellschaft zu revolutionieren. Wie bei jeder neuen Technologie sind mit ihrer Entwicklung und ihrem Einsatz sowohl Vorteile als auch Risiken verbunden. In diesem Kapitel werden wir einige der potenziellen gesellschaftlichen Auswirkungen des Quantencomputing untersuchen, darunter ethische Überlegungen zu Quantenkryptographie und -sicherheit, potenzielle Auswirkungen auf Arbeitsmärkte und Branchen sowie zukünftige Auswirkungen auf die Gesellschaft.

8.1 Ethische Überlegungen zu Quantenkryptographie und Sicherheit

Quantencomputing hat das Potenzial, viele der Verschlüsselungsschemata zu durchbrechen, die derzeit die moderne Kryptographie untermauern. Als solches stellt es eine erhebliche Bedrohung für die Sicherheit sensibler Daten dar, einschließlich Finanzinformationen, personenbezogener Daten und

Staatsgeheimnisse. Eine Lösung für dieses Problem könnte die Quantenkryptografie bieten, die die Prinzipien der Quantenmechanik nutzt, um eine unzerbrechliche Verschlüsselung zu erstellen. Es gibt jedoch noch ethische Überlegungen, die berücksichtigt werden müssen. Wer sollte zum Beispiel Zugang zu dieser Technologie haben? Sollten Regierungen ein Monopol auf Quantenkryptographie haben? Was passiert, wenn ein abtrünniger Akteur Zugang zu dieser Technologie erhält? Dies sind komplexe ethische Fragen, die im Zuge der Weiterentwicklung von Quantencomputern angegangen werden müssen.

8.2 Mögliche Auswirkungen auf Arbeitsmärkte und Branchen

Quantum Computing hat das Potenzial, viele Branchen zu revolutionieren und neue Beschäftigungsmöglichkeiten zu schaffen. Beispielsweise könnte Quantencomputer die Effizienz der Logistik und des Lieferkettenmanagements erheblich verbessern, was zu einer erhöhten Produktivität und einem Beschäftigungswachstum in diesen Bereichen führen könnte. Es könnte jedoch auch zu Arbeitsplatzverlusten in Branchen führen, die auf traditionelle Computertechnologien angewiesen sind. Daher ist es für politische Entscheidungsträger wichtig, die potenziellen Auswirkungen von Quantencomputern auf den Arbeitsmarkt zu berücksichtigen und Strategien zur Unterstützung von Arbeitnehmern zu entwickeln, die von diesen Veränderungen betroffen sein könnten.

8.3 Zukünftige Auswirkungen auf die Gesellschaft

Die Entwicklung des Quantencomputings könnte weitreichende Auswirkungen auf die Gesellschaft als Ganzes haben. Beispielsweise könnte es das Tempo wissenschaftlicher Entdeckungen erheblich beschleunigen und zu neuen Durchbrüchen in Bereichen wie Materialwissenschaften und Arzneimittelentwicklung führen. Es könnte auch die Genauigkeit und Effizienz von Finanzmodellen und Risikoanalysen verbessern und möglicherweise zu stabileren Wirtschaftssystemen führen. Es ist jedoch wichtig, die möglichen unbeabsichtigten Folgen dieser Änderungen zu berücksichtigen. Beispielsweise könnte eine zunehmende Automatisierung und Datenverarbeitung zu einem Verlust der Privatsphäre und Autonomie des Einzelnen führen. Es könnte auch bestehende Ungleichheiten verschärfen und neue schaffen, wenn der Zugang zu dieser Technologie nicht gerecht verteilt ist.

Zusammenfassend lässt sich sagen, dass Quantencomputer das Potenzial haben, der Gesellschaft erhebliche Vorteile zu bringen, aber auch erhebliche Risiken und Herausforderungen mit sich bringen, die angegangen werden müssen. Politiker, Forscher und Branchenführer müssen zusammenarbeiten, um sicherzustellen, dass diese Technologie auf verantwortungsvolle und ethische Weise entwickelt und eingesetzt wird. Auf diese Weise können wir das volle Potenzial des Quantencomputings ausschöpfen und gleichzeitig seine negativen Auswirkungen auf die Gesellschaft minimieren.

Kapitel 9: Die Zukunft des Quantencomputings

Eine der aufregendsten zukünftigen Entwicklungen im Quantencomputing ist die Schaffung eines Quanteninternets. Ein Quanteninternet würde Quantenkommunikationsprotokolle verwenden, um Informationen auf eine sicherere und effizientere Weise zu übertragen als derzeitige klassische Kommunikationsmethoden. Dies könnte einen großen Einfluss auf Bereiche wie Cybersicherheit und Kryptographie haben.

Neben den potenziellen technologischen Fortschritten könnte das Quantencomputing auch einen erheblichen Einfluss auf die Gesellschaft haben. Es könnte zur Schaffung neuer Arbeitsplätze und Branchen führen und auch einen großen Einfluss auf Bereiche wie Bildung und Ausbildung haben, da neue Fähigkeiten und Kenntnisse erforderlich wären, um mit Quantencomputern zu arbeiten.

9.1: Quantencomputing und Quanteninternet

Quantencomputing und Quanteninternet sind zwei innovative Technologien, die das Potenzial haben, die

Art und Weise, wie wir Informationen verarbeiten und übertragen, zu revolutionieren.

Quantencomputing basiert auf den Prinzipien der Quantenmechanik, einem Teilgebiet der Physik, das sich mit dem Verhalten von subatomaren Partikeln befasst. Im Gegensatz zu klassischen Computern, die binäre Ziffern (Bits) zur Darstellung von Informationen verwenden, nutzen Quantencomputer sogenannte Quantenbits, oder Qubits. Qubits können gleichzeitig in mehreren Zuständen existieren, was es Quantencomputern ermöglicht, bestimmte Arten von Berechnungen viel schneller durchzuführen als klassische Computer.

Ein Beispiel dafür ist die Verschlüsselung. Quantencomputer können mithilfe von Quantenalgorithmen viele der Verschlüsselungsmethoden, die derzeit zur Sicherung sensibler Informationen verwendet werden, knacken. Das hat wichtige Auswirkungen auf Branchen wie Finanzen, Gesundheitswesen und Regierung.

Quanteninternet hingegen ist ein vorgeschlagenes Netzwerk, das die Prinzipien der Quantenmechanik zur Übertragung von Informationen nutzt. Ein

Quanteninternet wäre in der Lage, Informationen auf eine grundlegend andere Weise als das klassische Internet zu übertragen. Das Hauptmerkmal des Quanteninternets ist die Fähigkeit, Informationen auf eine Weise zu übertragen, die vor jeglicher Art von Abhörversuchen geschützt ist.

Ein Beispiel dafür ist die Quantenschlüsselverteilung (QKD). QKD ist eine Methode zur Herstellung eines sicheren Schlüssels zwischen zwei Parteien durch die Übertragung von Qubits von Informationen über einen unsicheren Kanal. Dadurch wird sichergestellt, dass jeder Versuch, den Schlüssel abzufangen, bemerkt wird, was die Übertragung vollständig sicher macht.

Die Kombination der Leistungsfähigkeit von Quantencomputing mit den Fähigkeiten des Quanteninternets hat das Potenzial, eine neue Generation von Netzwerkinfrastrukturen zu schaffen, die sicherer und effizienter sind als alles, was heute existiert. Stellen Sie sich zum Beispiel eine Zukunft vor, in der Quantencomputer zur Verschlüsselung und Entschlüsselung sensibler Informationen, die über das Internet übertragen werden, eingesetzt werden, so dass es für Hacker fast unmöglich ist, diese abzufangen. Dies hat wichtige Anwendungen in Bereichen wie Finanzen, Gesundheitswesen und Regierung.

9.2: Quantencomputing und künstliche Intelligenz

Quantencomputing und künstliche Intelligenz sind zwei wegweisende Technologien, die das Potenzial haben, die Art und Weise zu revolutionieren, wie wir Daten verarbeiten und analysieren.

Künstliche Intelligenz ist ein breites Feld, das eine Vielzahl von Techniken umfasst, um Systeme zu erstellen, die Aufgaben ausführen können, die normalerweise menschliche Intelligenz erfordern, wie zum Beispiel Spracherkennung oder Schachspielen. KI wird oft in zwei Hauptkategorien unterteilt: schmale KI, die für eine bestimmte Aufgabe ausgelegt ist, und allgemeine KI, die in der Lage ist, jede intellektuelle Aufgabe auszuführen, die ein Mensch ausführen kann.

Ein Beispiel für KI ist im Bereich der Bilderkennung zu finden. KI-Algorithmen können trainiert werden, um Objekte, Tiere und Menschen in Bildern und Videos mit hoher Genauigkeit zu erkennen. Dies hat wichtige Anwendungen in Bereichen wie Sicherheit, Gesundheitswesen und selbstfahrenden Autos.

Die Kombination der Leistungsfähigkeit von Quantencomputing mit den Fähigkeiten von KI hat das Potenzial, eine neue Generation intelligenter Systeme zu schaffen, die unlösbare Probleme lösen können. Zum Beispiel ist das Quanten-Machine-Learning ein Teilgebiet von KI, das sich damit beschäftigt, Quantencomputer zur Verbesserung von Machine-Learning-Algorithmen zu verwenden. Dies könnte zur Entwicklung von leistungsfähigeren und effizienteren KI-Systemen führen, die aus großen und komplexen Datensätzen lernen können.

9.3 Quantencomputing und Quanteninformationen

Eine der bekanntesten Anwendungen von Quantencomputing ist Faktorisierung, was der Prozess des Findens der Primfaktoren einer großen Zahl ist. Dies ist ein Problem, das für klassische Computer schwer zu lösen ist, aber auf einem Quantencomputer effizient gelöst werden kann. Dies hat wichtige Auswirkungen auf die Kryptographie, da viele Verschlüsselungsalgorithmen auf der Schwierigkeit der Faktorisierung großer Zahlen basieren.

Eine weitere wichtige Anwendung von Quantencomputing ist die Quantensimulation, was der Prozess der Verwendung eines Quantencomputers zur Simulation des Verhaltens von Quantensystemen ist. Dies hat das Potenzial, unser Verständnis von Materialien, Chemie und Physik zu revolutionieren.

Quanteninformation ist ein verwandtes Feld, das sich mit der Manipulation und Verarbeitung von Quanteninformationen befasst und wichtige Anwendungen in der Quantenkommunikation und der Quantenkryptographie hat. Die Quantenkommunikation ermöglicht die Übertragung von Informationen auf eine Art und Weise, die vor Lauschangriffen sicher ist, während die Quantenkryptographie den sicheren Austausch von Schlüsseln zwischen Parteien ermöglicht.

Eine der größten Herausforderungen beim Bau eines funktionellen Quantencomputers ist die Dekohärenz. Dies ist der Prozess, bei dem Quanteninformation aufgrund von Interaktionen mit der Umgebung verloren geht. Dies kann passieren, wenn ein Qubit mit seiner Umgebung interagiert oder wenn Fehler während einer Berechnung eingeführt werden. Um diesen Effekt zu mildern, verwenden Forscher

Fehlerkorrekturalgorithmen, die es Quantencomputern ermöglichen, auch in Gegenwart von Fehlern Berechnungen durchzuführen.

Zusammenfassend sind Quantencomputing und Quanteninformation eng verwandte Bereiche, die sich mit der Manipulation und Verarbeitung von Quanteninformationen befassen. Potenzielle Anwendungen des Quantencomputings sind Faktorisierung, Quantensimulation und Quantenoptimierung. Quanteninformation hat Anwendungen in der Quantenkommunikation und Quantenkryptographie. Der Bau eines funktionsfähigen Quantencomputers ist nach wie vor eine große Herausforderung und erfordert den Umgang mit Dekohärenz und die Implementierung von Fehlerkorrekturalgorithmen.

9.4 Quantencomputing und Kryptographie

Quantencomputing hat auch das Potenzial, viele der häufig verwendeten Verschlüsselungsalgorithmen wie RSA und Elliptic Curve Cryptography (ECC) zu brechen, die derzeit zur Sicherung von Internettransaktionen, Online-Kommunikation und vielen anderen Formen des Datenaustauschs verwendet werden.

Auf der anderen Seite ermöglicht Quantenkryptographie den sicheren Austausch von Schlüsseln zwischen Parteien. Sie basiert auf den Prinzipien der Quantenmechanik, die es unmöglich machen, eine Quantenkommunikation abzuhören, ohne eine Spur zu hinterlassen, was es einem Angreifer unmöglich macht, auf den Schlüssel zuzugreifen. Dies steht im Gegensatz zur klassischen Kryptographie, die von einem Angreifer mit ausreichender Rechenleistung gebrochen werden kann.

Während das Potenzial des Quantencomputings, Verschlüsselungen zu brechen, ein Anliegen ist, arbeiten Forscher auch an der Entwicklung neuer kryptographischer Algorithmen, die gegen Quantenangriffe resistent sind. Diese Algorithmen, bekannt als Post-Quantum-Kryptographie, sind so konzipiert, dass sie sowohl gegen klassische als auch gegen Quantencomputer sicher sind.

Quantencomputing hat das Potenzial, viele der häufig verwendeten Verschlüsselungsalgorithmen zu brechen, die derzeit zur Sicherung von Internettransaktionen,

Online-Kommunikation und vielen anderen Formen des Datenaustauschs verwendet werden. Quantenkryptographie ermöglicht jedoch den sicheren Austausch von Schlüsseln zwischen Parteien, und Forscher arbeiten an der Entwicklung neuer kryptographischer Algorithmen, die gegen Quantenangriffe resistent sind, bekannt als Post-Quantum-Kryptographie.

Es ist wichtig zu beachten, dass dies nur einige Beispiele für potenzielle zukünftige Entwicklungen im Quantencomputing sind und das Feld sich noch in einem frühen Entwicklungsstadium befindet und viele dieser Anwendungen noch erforscht werden. Die potenzielle Auswirkung des Quantencomputings auf die Gesellschaft und die Technologie ist jedoch unbestreitbar.

In der Zusammenfassung werden wir die wichtigsten Punkte des Buches zusammenfassen und die Leser ermutigen, mehr über das Quantencomputing und seine potenziellen Anwendungen zu erfahren.

Kapitel 10: Schlussfolgerung

In diesem Buch haben wir die aufregende Welt der Quantencomputing erkundet, von den grundlegenden Prinzipien der Quantenmechanik, die die Grundlage des Quantencomputings bilden, bis zu den verschiedenen Arten von Quantenalgorithmen und ihren potenziellen Anwendungen. Wir haben auch den aktuellen Stand des Quantencomputings, die Herausforderungen und Technologien bei der Entwicklung eines Quantencomputers und die potenzielle Zukunft des Quantencomputings diskutiert, einschließlich der Möglichkeit, ein Quanteninternet zu schaffen und dessen Auswirkungen auf die Gesellschaft.

Wir haben gelernt, dass Quantencomputing eine leistungsstarke Technologie ist, die Probleme lösen kann, die klassische Computer nicht bewältigen können. Es hat das Potenzial, Bereiche wie Finanzen, Medizin und Energie zu revolutionieren und könnte auch zur Entwicklung intelligenterer und effizienterer KI-Systeme führen.

Wir haben auch gesehen, dass trotz signifikanter Fortschritte bei der Entwicklung von

Quantencomputern noch viele Herausforderungen zu bewältigen sind. Mit kontinuierlicher Forschung und Entwicklung können wir jedoch in der Zukunft mit immer leistungsfähigeren und fähigeren Quantencomputern rechnen.

Zusammenfassend ermutigen wir die Leser, sich weiterhin über Quantencomputing und dessen potenzielle Anwendungen zu informieren. Mit dem raschen Fortschritt des Quantencomputings ist es eine aufregende Zeit, sich mit dieser leistungsstarken Technologie und ihrem Potenzial zur Veränderung der Welt zu beschäftigen. Wir hoffen, dass dieses Buch eine umfassende und zugängliche Einführung in das Quantencomputing bietet und Ihr Interesse an diesem faszinierenden Gebiet geweckt hat. Ob Sie Schüler, Forscher oder einfach nur an Technologie interessiert sind, es gibt viele Ressourcen, die Ihnen helfen können, mehr über Quantencomputing und dessen potenzielle Auswirkungen auf die Gesellschaft zu erfahren.

Einige Möglichkeiten, mehr über Quantencomputing zu erfahren, sind die Teilnahme an Online-Kursen, Workshops und Konferenzen oder das Lesen weiterer Bücher und Artikel zu diesem Thema. Darüber hinaus haben viele Forschungseinrichtungen und

Unternehmen aktive Forschungsprogramme im Bereich des Quantencomputings, und sie können Praktikums- oder Jobmöglichkeiten für Interessierte anbieten.

Zusammenfassend ist Quantencomputing ein sich schnell entwickelndes Feld mit dem Potenzial, die Art und Weise, wie wir leben und arbeiten, zu verändern. Es ist eine aufregende Zeit, sich mit dieser Technologie und ihren potenziellen Anwendungen zu beschäftigen, und wir ermutigen die Leser, die Möglichkeiten selbst zu erkunden. Vielen Dank für das Lesen dieses Buches und wir hoffen, dass es informativ und ansprechend war.

Kapitel 11: Glossar der Begriffe und Referenzen

In diesem Kapitel werden wir ein Glossar der Begriffe bereitstellen, die im Buch verwendet werden, um den Lesern zu helfen, die komplexen Konzepte, die diskutiert wurden, zu verstehen.

Glossar der Begriffe:

- Dekohärenz:
  Der Prozess, bei dem Qubits ihre Quanteneigenschaften verlieren und nicht mehr in der Lage sind, Quantenberechnungen durchzuführen.
- Fehlerkorrigierende Algorithmen:
  Algorithmen, die zur Erkennung und Korrektur von Fehlern verwendet werden, die während der Quantenberechnungen auftreten.
- Gefangene Ionen:
  Qubits, die Ionen sind, die in einem magnetischen oder elektrischen Feld gefangen sind. Sie sind weniger anfällig für Dekohärenz als supraleitende Qubits, aber schwieriger zu manipulieren und zu kontrollieren.

- Grovers Algorithmus:
Ein Quantenalgorithmus, der eine unsortierte Datenbank quadratisch schneller durchsuchen kann als jeder bekannte klassische Algorithmus.

- Messung:
In der Quantenmechanik verändert die Messung eines Teilchens seinen Zustand.

- Quanteninternet:
Ein Netzwerk, das Quantenkommunikationsprotokolle verwendet, um Informationen auf eine sicherere und effizientere Weise zu übertragen als aktuelle klassische Kommunikationsmethoden.

- Quantenmechanik:
Der Zweig der Physik, der sich mit dem Verhalten von Materie und Energie auf atomarer und subatomarer Ebene befasst.

- Quanten-Simulationsalgorithmus:
Ein Quantenalgorithmus, der das Verhalten von Quantensystemen wie Molekülen und Materialien mit großer Genauigkeit simulieren kann.

- Qubit:
Die grundlegende Einheit der Quanteninformation. Im Gegensatz zu

klassischen Bits kann es gleichzeitig in mehreren
Zuständen existieren.

- Shor-Algorithmus:

Ein Quantenalgorithmus, der große Zahlen
exponentiell schneller faktorisieren kann als
jeder bekannte klassische Algorithmus.

- Supraleitende Qubits:

Qubits, die aus supraleitenden Materialien
hergestellt und auf sehr niedrige Temperaturen
gekühlt werden, um die Dekohärenz zu
reduzieren.

- Topologische Qubits:

Qubits, die auf den Eigenschaften bestimmter
Materialien basieren und voraussichtlich
weniger anfällig für Dekohärenz sind als andere
Technologien.

- Überlagerung:

Das Prinzip, dass ein Quantenteilchen
gleichzeitig in mehreren Zuständen existieren
kann.

- Verschränkung:

Das Phänomen, bei dem zwei Teilchen so
miteinander verbunden werden können, dass
der Zustand eines Teilchens den Zustand des

anderen beeinflussen kann, auch wenn sie weit voneinander entfernt sind.

- Welle-Teilchen-Dualität:
Das Prinzip, dass Teilchen wie Elektronen und Photonen sowohl wellenartiges als auch teilchenartiges Verhalten zeigen können.

Kapitel 12: Referenzen und weiterführende Literatur

1. Quantum Computing for Computer Scientists von Noson Yanofsky und Mirco A. Mannucci

2. Quantum Computing Explained von David McMahon

3. Quantum Computing: A Gentle Introduction von Eleanor Rieffel und Wolfgang Polak

4. Quantum Computing Since Democritus von Scott Aaronson

5. Quantum Information Science von Isaac L. Chuang

6. Principles of Quantum Computing von Rolf Landauer und Giuliano Benenti

7. Introduction to Quantum Computing von Eleanor G. Rieffel und Wolfgang H. Polak

8. Quantum Computing for Dummies von Martin Roetteler und Keith Britto

X.   Anhänge: Mathematischer Hintergrund

In diesem Kapitel werden zusätzliche Materialien für Leser bereitgestellt, die bestimmte Themen weiter erkunden möchten. Diese Anhänge können als Ergänzung zu den im Buch präsentierten Informationen dienen und bieten ausführlichere Informationen zu spezifischen Themen.

Anhang A: Mathematischer Hintergrund

Quantencomputing ist ein komplexes Gebiet, das stark auf mathematischen Konzepten und Notationen basiert. Um die Prinzipien der Quantenmechanik und des Quantencomputings vollständig zu verstehen, ist es wichtig, eine solide Grundlage in den folgenden mathematischen Konzepten zu haben.

Lineare Algebra:

Lineare Algebra ist der Bereich der Mathematik, der sich mit Vektorräumen, linearen Transformationen und Matrizen beschäftigt. In der Quanteninformatik wird Lineare Algebra verwendet, um den Zustand eines

Qubits und die Operationen zu beschreiben, die an ihm ausgeführt werden können.

Wahrscheinlichkeitstheorie:

Wahrscheinlichkeitstheorie ist der Bereich der Mathematik, der sich mit der Untersuchung von Zufallsphänomenen befasst. In der Quanteninformatik wird Wahrscheinlichkeitstheorie verwendet, um die Wahrscheinlichkeit zu beschreiben, ein Qubit in einem bestimmten Zustand zu messen.

Quantenmechanik:

Quantenmechanik ist der Bereich der Physik, der sich mit dem Verhalten von Materie und Energie auf atomarer und subatomarer Ebene befasst. Sie bildet die Grundlage des Quantencomputings und liefert die Prinzipien, die zur Beschreibung des Verhaltens von Qubits und Quantensystemen verwendet werden.

Die mathematische Notation und die Konzepte, die in der Quanteninformatik verwendet werden, können ziemlich komplex sein. Es wird empfohlen, dass Leser, die mit diesen mathematischen Konzepten nicht vertraut sind, Einführungsbücher oder Online-Ressourcen überprüfen, bevor sie sich in fortgeschrittenere Quanteninformatik-Materialien stürzen. Einige Beispiele von Ressourcen, um mehr über diese Themen zu erfahren, sind:

- Lineare Algebra: "Lineare Algebra und ihre Anwendungen" von Gilbert Strang
- Wahrscheinlichkeitstheorie: "Wahrscheinlichkeit und Statistik" von Morris H. DeGroot und Mark J. Schervish
- Quantenmechanik: "Prinzipien der Quantenmechanik" von R. Shankar

Dieser Anhang bietet einen allgemeinen Überblick über den mathematischen Hintergrund, der benötigt wird, um Quanteninformatik zu verstehen. Er ist jedoch nicht erschöpfend, und wenn Sie tiefer in das Feld eintauchen möchten, sollten Sie spezialisiertere Bücher zu diesem Thema konsultieren.